OBSERVATIONS

SUR LE NOUVEAU PROJET DE LOI

RELATIF A LA

POLICE DE LA PRESSE.

PARIS. — IMPRIMERIE DE COSSON ,
Rue Saint-Germain-des-Prés , n° 9.

OBSERVATIONS

SUR LE NOUVEAU PROJET DE LOI

RELATIF A LA

POLICE DE LA PRESSE.

Et s'il ne m'est permis de le dire au papier,
J'irai creuser la terre. . . . .

PAR M. COTTU,

CONSEILLER A LA COUR ROYALE DE PARIS.

PARIS,
MAME ET DELAUNAY-VALLÉE, LIBRAIRES,
RUE GUÉNÉGAUD, N° 25.
M DCCC XXVII.

OBSERVATIONS

SUR LE NOUVEAU PROJET DE LOI

RELATIF A LA

POLICE DE LA PRESSE

Le nouveau projet de loi sur la police de la presse a été conçu dans deux intentions différentes, que l'on s'est efforcé de confondre dans la plupart de ses articles; mais qu'avec un peu d'attention, il est cependant facile de distinguer.

L'une, pure, légitime, honorable et faite pour être approuvée par tous les gens de bien, a pour objet la répression des délits de la presse.

L'autre, odieuse, cruelle, tyrannique, contraire à la foi jurée et aux dispositions les plus précises de la Charte, a pour objet d'étouffer la pensée, d'arrêter le développement de l'esprit humain, de répudier le noble héritage que nous ont laissé les génies des siècles passés, et de replonger les peuples dans les ténèbres de la barbarie.

Avant de nous livrer à l'examen des diverses dispositions de cette loi qu'un illustre orateur a si justement flétrie du nom de *vandale*, qu'il nous soit permis de placer ici quelques réflexions générales sur la liberté de la presse.

La liberté de la presse n'est pas seulement un droit acquis à tous les Français par l'article 8 de la Charte ; c'est plus encore : c'est le besoin le plus impérieux des mœurs actuelles ; c'est le pivot sur lequel se meut le gouvernement qui nous régit. Ce gouvernement qui, d'après le mode même qui le constitue, ne peut échapper à l'effet souvent funeste de certaines hautes influences, ou, pour parler plus franchement, aux abus de la corruption, serait, sans la liberté de la presse, le plus terrible instrument de despotisme. Tout ce qu'il renferme d'institutions généreuses et protectrices ne servirait qu'à donner aux impôts les plus onéreux et aux mesures les plus funestes la force et la sanction de la volonté nationale ; mieux vaudrait cent fois le gouvernement absolu. Là du moins, le malheur public est le fait du ministre. Il n'y a pas de Chambres dont le consentement puisse servir d'excuse aux actes de son administration ; il se trouve face à face avec son incapacité, et la nation sait à qui s'en prendre de ses souffrances.

Mais tels sont les avantages de la publicité, qu'à quelque degré que puisse arriver le dévouement des fonctionnaires publics, et quelque intimité qui s'établisse entre les Chambres et le ministère, il y a cepen-

dant telles sortes de complaisances auxquelles il leur serait impossible de condescendre, et que, lorsque l'opinion publique
a fait entendre sa voix souveraine, pairs,
députés, ministres, employés de tous
genres et de toutes conditions, sont obligés d'y obéir.

Je n'en veux pour exemple que ce qui
s'est passé l'année dernière relativement
au droit d'aînesse. Certes, on ne contestera pas qu'il n'y eût dans la Chambre
haute un très-grand nombre de pairs que
leurs préjugés de naissance, quand même
ils n'eussent pas été fortifiés par la raison
d'état, portaient à adopter les vues du
gouvernement. On ne contestera pas davantage qu'il n'y en eût aussi un grand

nombre qui croyaient la loi utile au sou-
tien de la monarchie ; et enfin que plusieurs autres, dans le doute où les avait
laissés la multitude des argumens respec-
tivement présentés, ne dussent juger cette
occasion l'une des plus favorables pour
accorder leur conscience avec leur dévouement au ministère. Cependant, malgré tant
de chances de succès, le projet fut rejeté
dans sa disposition principale, par la seule
crainte de blesser trop violemment les
mœurs nouvelles.

Veut-on un exemple d'une autre nature ? Qui n'a entendu parler de l'affaire
du malheureux Chauvet ? Arrêté à Saint-
Quentin par l'effet d'une erreur presque impossible à éviter et à laquelle aidait en-

core l'état obscur de sa fortune, il fut con-
duit de brigade en brigade jusqu'à Taras-
con. Rendu alors à la liberté, il sollicita du
gouvernement une indemnité qui exigeait
quelques vérifications préalables. Au moment de l'obtenir, la patience lui échappe;
il porte sa plainte dans les journaux. Qu'ar-
rive-t-il? Tous les citoyens se trouvent at-
teints dans sa personne : chacun croit
sentir tomber sur soi l'air humide des qua-
rante prisonsoù il a été enfermé. On demande au pouvoir des explications. Aussi-
tôt, le sous-préfet de Saint-Quentin, le
préfet du département, le procureur du roi
sont obligés de se justifier. Leur conduite
est soumise à l'examen du conseil des ministres, et l'émotion du public ne s'apaise
que lorsqu'il lui est démontré qu'aucun

tort ne peut être reproché ni à la justice ni
à l'administration, et que l'arrestation de
Chauvet a été le résultat d'un concours de
circonstances extraordinaires.

Comment les choses se fussent-elles pas-
sées sous l'ancien régime ? Chauvet n'eût
trouvé aucun journal qui eût voulu rece-
voir sa plainte, et s'il eût osé la faire re-
tentir dans un lieu public , l'autorité ,
blessée de se voir contrainte à se justifier,
l'eût envoyé dans un cachot expier le malheur d'avoir été pour elle l'occasion d'une
si funeste méprise.

Mais des considérations bien autrement
puissantes exigent qu'on laisse à la presse
toute sa liberté et toute son énergie.

L'ultramontanisme, qui se tenait caché, a levé sa bannière sur les frontières du Portugal, et, après avoir proscrit la Charte de dom Pédro, il s'est mis en marche pour la renverser. Sans doute il réserve le même sort à la Charte de Louis XVIII. Il faut donc, non-seulement que tout ce qui porte une épée prenne avec lui-même l'engagement sacré de combattre à outrance ces nouveaux ligueurs, mais encore que tout ce qui a l'habitude d'écrire redouble de zèle et d'activité pour dévoiler le danger de ces doctrines pernicieuses, exhumées de la poussière des siècles barbares, et destinées à asservir de nouveau la France sous le joug de la cour de Rome.

Il ne s'agit point ici de faire un appel aux

passions révolutionnaires. Il s'agit de défendre le trône et les libertés publiques, menacés avec une audace qui décèle une effrayante confiance. Il s'agit d'empêcher la partie du clergé rebelle aux maximes de l'Église de France, de s'emparer de la société politique par le ministère, et de la société civile par le droit de former l'union conjugale. Il s'agit enfin de l'empêcher de rétablir *les effets civils* de l'excommunication, qu'elle a osé concevoir la pensée de faire revivre dans leur ancienne rigueur, afin de subjuguer à la fois le prince par le fanatisme des sujets, et les sujets par le fanatisme du prince (1).

---

(1) On peut prendre une idée des imprécations qui étaient prononcées alors contre les excom-

A côté du gouvernement du roi , il existe un autre gouvernement qui a aussi son administration, ses troupes et ses ambassadeurs. En vain les ministres voudraient-ils le nier, et profiter , pour échapper à la preuve de son existence, du soin qu'il prend encore, en France, de cacher ses

---

muniés , par une formule d'anathème que l'abbé Millot nous a conservée, et qui fut proclamée à Reims à l'époque de l'excommunication du roi Robert.

« Qu'ils soient maudits à la ville , maudits à la campagne ! Que leurs enfans, leurs terres, leurs troupeaux soient maudits avec eux ! Que leurs intestins se répandent comme ceux de l'impie Arius ! Que toutes les malédictions prononcées par Moïse contre les prévaricateurs, tom-

ressorts et ses mouvemens. Ne nous ont-ils pas dit que le ministère espagnol gémissait sous un pareil joug, et ne nous ont-ils pas

———

bent sur leur têtes ! Qu'ils soient accablés de toutes les horreurs de la haine éternelle ! Qu'aucun chrétien ne les salue en les rencontrant ! Qu'aucun prêtre ne dise la messe devant eux, ne les confesse et ne leur donne la communion, même à l'article de la mort, s'ils ne viennent à résipiscence ! Qu'ils n'aient d'autre sépulture que celle des ânes, afin qu'ils soient aux générations présentes et futures un objet d'opprobre et de malédiction ! »

Voilà ce que des pontifes ambitieux ont fait de l'Évangile, de ses douces paroles, de son esprit de charité ; voilà les transports de fureur dont nous sommes encore destinés à être les témoins, si nous nous laissons envahir par les doctrines qui les ont excités.

ainsi autorisés à examiner si eux-mêmes n'y sont pas soumis? Puisque c'est par l'influence du parti apostolique que M. de Damas nous explique les secours que l'Espagne a donnés aux réfugiés portugais, pourquoi n'expliquerions - nous pas aussi , par la même influence , la conduite de M. de Moustiers envers l'ambassadeur de Portugal à Madrid ; conduite que le ministre des affaires étrangères du Portugal a hautement déclaré être la cause des procédés hostiles du gouvernement espagnol envers la régence de Lisbonne ? Pourquoi n'expliquerions - nous pas encore par les mêmes motifs , les ménagemens actuels des ministres envers M. de Moustiers , qu'ils se doivent à eux-mêmes de faire mettre en jugement

2

pour avoir trahi la confiance du Roi,
ou qu'ils doivent se hâter de venger
des imputations odieuses du ministre portugais ? Pourquoi enfin n'expliquerions-
nous pas, par la même influence, l'ac-
croissement des maisons de jésuites, le
mépris de certains évêques pour les arrêts
des Cours royales, et l'empressement des
fonctionnaires publics à s'inscrire dans les
rangs de la congrégation ?

Si donc les doctrines ultramontaines ont,
dans certains membres du clergé, une
presse toujours vivante, toujours active, et
pour ainsi dire présente en tous lieux,
comment la religion, la royauté et la Charte
pourraient-elles se passer à leur tour du
secours de la presse, pour maintenir les

(19)

peuples dans la vraie croyance et dans la
fidélité qu'ils doivent à leur Roi et aux
autres pouvoirs de la société ?

Le ministère aurait-il encore oublié que
la France est le sanctuaire des arts, des
sciences et du génie, et que nulle nation n'a
autant produit d'hommes que l'on puisse
appeler européens ? Un étranger, d'un esprit
observateur et profond, a été tellement
frappé de cette influence irrésistible de la
littérature française sur les mœurs de l'Europe, qu'il a cru y voir le doigt de Dieu,
et y reconnaître une mission spéciale qui
aurait été donnée à la France de gouverner
l'Europe, moins encore par ses armes que
par son génie. Un concours d'événemens
inouïs, joint à une conjuration générale

des divers peuples de l'Europe, a brisé le sceptre de notre puissance politique ; irons-nous, dans notre aveugle fureur, briser le sceptre, plus glorieux encore, de notre puissance intellectuelle?

Descendons maintenant de ces hautes considérations à l'examen du projet de loi.

Une première chose frappe d'abord tous les esprits : c'est l'incohérence et la bizarrerie de quelques-unes des dispositions de ce projet.

Qu'est-ce, se demande-t-on, que ce dépôt de cinq jours et de dix jours, qui doit précéder la publication, si, pendant ce délai, l'ouvrage ne peut pas être saisi?

Qu'est-ce encore que cette élévation extraordinaire des amendes, si les tribunaux, jusqu'à ce jour, n'en ont pas senti le besoin ?

Ceci demande une explication.

La loi présentée aujourd'hui aux chambres n'est pas telle qu'elle avait été primitivement conçue par monsieur le garde-des-sceaux. Celle-ci était sortie de son porte-feuille, armée encore de plus de rigueurs. Elle se composait alors de quarante-un articles, dont plusieurs étaient destinés à établir la compétence de toutes les cours du royaume en matière de presse, sans aucun égard au lieu du domicile des prévenus. C'était là le but principal de la loi, l'objet des vœux ar-

dens de la congrégation , la récompense de
ses efforts, le fondement de toutes ses espérances. Le projet contenait en outre une
disposition qui permettait , pendant le
temps du dépôt et avant toute publication,
de dénoncer l'ouvrage aux tribunaux et
d'en obtenir la condamnation.

Mais , grâce à cette même liberté de la
presse que l'on veut anéantir aujourd'hui,
ces funestes projets ont été dénoncés au
public. Une clameur générale s'est élevée
contre cette profanation impie de toutes
les règles du bon sens et de l'équité , ainsi
que de tous les principes de notre droit public ; et le ministère, honteux lui-même
du monstre qu'il avait créé , se vit forcé de
l'étouffer.

Mais, comme il avait à craindre d'un autre côté la fureur de la congrégation, qui s'inquiète fort peu des embarras qu'elle lui suscite, il a balancé jusqu'au dernier moment entre l'indignation publique et les jésuites ; et c'est ainsi que, d'hésitations en hésitations, de frayeurs en frayeurs, il est arrivé jusqu'au jour de l'ouverture de la session sans s'être occupé de soumettre les articles conservés à une révision nouvelle, et d'en faire disparaître les dispositions qui se rapportaient aux articles supprimés. Voilà comment il se fait que l'art. 1er du nouveau projet, qui était en harmonie avec *la saisie préventive,* et l'art. 19, qui l'était à son tour avec *de nouveaux tribunaux* que l'on espérait bien soumettre à l'influence des jésuites, ne présentent plus aujourd'hui aucun sens.

Ceci bien compris , entrons, sans autre digression , dans le détail des articles du projet de loi, et suivons le ministère dans le développement des idées qui lui en ont suggéré les principales dispositions.

On se plaignait, dit-il , que la publication des écrits pût être faite au moment du dépôt , et rendît ainsi cette précaution inutile ;

On se plaignait de l'excessive indulgence des lois pénales ;

Des bornes étroites et peu régulières dans lesquelles la responsabilité des imprimeurs était circonscrite ;

Du nombre toujours croissant de ces

publications par petits volumes, qui circulent presque sans obstacle et sont les véritables auxiliaires des feuilles périodiques;

De l'impunité des diffamations privées;

Et enfin du scandale inouï de cette
étrange fiction (celle des éditeurs responsables) qui, substituant légalement le mensonge à la'vérité, livrait de faux coupables
à des jugemens nécessairement injustes.

Ainsi, comme on le voit, dans les plaintes dont le ministère se fait lui-même l'écho, et auxquelles il annonce qu'il veut
porter remède, il confond tout à la fois et
celles qui ont pour objet l'inefficacité des
mesures prises jusqu'aujourd'hui pour ré

primer les abus de la presse, et celles qui
ont trait aux prétendus inconvéniens ré-
sultant d'un mode particulier de publication : celui des éditions in-32 et des brochures de cinq feuilles et au-dessous.

Le ministère nous met donc lui-même
dans la confidence de sa pensée, et nous
apprend que non-seulement il a l'intention
de prendre désormais des mesures plus
efficaces pour réprimer les abus de la
presse, mais encore qu'il médite de porter
attente à sa liberté même , puisqu'il veut
anéantir un de ses modes de publication
les plus utiles et les plus productifs; mode
qui n'a rien en lui-même de plus coupable
que tout autre, et qui ne peut le devenir
qu'autant qu'on en ferait usage pour ré-

pandre une opinion dangereuse. C'est dans ce but qu'il soumet à un droit fixe d'un franc tous les écrits de cinq feuilles et au-dessous.

Cependant, lorsque Louis XVIII, de sage et auguste mémoire, a reconnu aux Français le droit de publier et de faire imprimer leurs opinions, il ne leur a imposé d'autre condition que celle de se conformer aux lois qui devaient *réprimer* les abus de cette liberté, et ne leur a pas surtout tracé le mode particulier de publication qu'ils devaient adopter.

Enlever aux écrivains un mode quelconque de publication, et aux citoyens un moyen d'instruction moins dispendieux, c'est porter évidemment atteinte aux droits

publics des Français, c'est se déclarer eh-
nemi des lumières et de la prospérité du
pays.

Il faut d'ailleurs être conséquent. Si les
nouvelles mesures que l'on propose contre
les abus de la presse sont, ainsi qu'on le
prétend, calculées de manière à ne pouvoir
manquer leur effet, la presse va devenir
désormais inoffensive , et ne servira plus
qu'à propager de saines doctrines , qu'à
éclairer les citoyens sur leurs véritables intérêts , et qu'à leur offrir une discussion
sage et mesurée de tous les actes du gouvernement. Pourquoi donc alors restrein-
dre sa puissance , et ne pas lui livrer tout
l'espace que son activité peut parcourir ?

Ou retirez vos lois, si vous les croyez sans

vertu , ou osez vous fier à elles pour arrêter la licence.

Mais ce n'est pas simplement à la publication des éditions in-32 et des brochures au-dessous de cinq feuilles que le ministère s'efforce de porter obstacle. Non moins prévenu contre le danger de toute expression quelconque de l'opinion publique, ou plutôt, asservi à un parti qu'il se représente toujours armé du ciseau fatal qui peut trancher son existence politique, c'est à la presse en général qu'il veut porter le coup mortel, et plus particulièrement encore à la presse périodique ; aussi son projet n'offre-t-il qu'un tissu bizarre de dispositions à la fois préventives et restrictives.

Parlons d'abord des premières. Elles con-

sistent 1° dans le dépôt de dix jours et de
cinq jours, auquel sont soumis tous les
écrits composés de plus et de moins de
vingt feuilles,

2° Dans le nouveau droit de timbre établi sur les journaux par l'article 14.

3° Dans l'exécution provisoire accordée
à la décision du préfet en cas de contesta-
tion sur le rejet de la déclaration faite par
un des propriétaires.

4° Dans l'annulation du privilége de se-
cond ordre, qui avait été étendu aux
prêteurs des fonds qui devaient servir aux
cautionnemens exigés des propriétaires de
journaux.

A la vue de cette multitude de dispositions, dont aucune n'a trait à la répression
des délits de la presse, mais qui toutes, après
que les petites éditions portatives, les brochures et les journaux littéraires ont déjà été
anéantis par les dispositions des articles 5
et 12, n'ont pour objet que d'anéantir encore les journaux quotidiens et la publication de tout ouvrage quelconque, peut-on
se défendre d'un sentiment d'affliction profonde, et ne pas rester convaincu qu'on
en veut décidément à la liberté de la presse?
Je dis plus : peut-on se défendre de la pensée que cette attaque si violente contre la
presse, n'est que le prélude d'une attaque
bien plus funeste encore, et qui doit être
bientôt dirigée contre toutes nos nouvelles
institutions ? Que ces alarmes soient exa-

gérées , que le mécontentement public ait pris quelquefois le caractère de la menace, le ministère n'a pas droit de s'en plaindre; c'est lui , c'est sa honteuse faiblesse envers la congrégation , et sa téméraire audace contre la France , qui ont ébranlé la confiance du peuple, et porté dans tous les cœurs l'effroi, la haine ou le découragement.

Je ne reviendrai pas sur ce que les journaux ont dit pour faire ressortir l'astuce et la dureté de ces diverses dispositions. Ils ont démontré avec la plus grande évidence comment le gouvernement s'était préparé les moyens d'effrayer les imprimeurs et de paralyser toutes les presses ; ils ont dévoilé les piéges qu'il avait tendus aux pro-

priétaires de journaux, que leur soumission
aux nouvelles formalités ne mettrait pas
même à l'abri des persécutions des préfets ;
ils ont fait sentir encore tout ce qu'il y avait
de fiel et de ressentiment dans la disposition
qui tend à éloigner les capitalistes des entreprises de journaux, comme si ces entreprises
étaient contraires à la morale et à l'ordre
public, et devaient être flétries par toutes les
rigueurs d'une législation exceptionnelle.
Ils ont peint enfin sous les couleurs les plus
vraies, la librairie anéantie, un nombre
immense de familles réduites à la mendi-
cité, l'étranger enrichi pour la seconde
fois de nos fautes, et recueillant avec avi-
dité les trésors que nous rejetons.

Je me bornerai seulement à faire obser-

ver à l'occasion du dépôt prescrit par l'article 1er (et cette remarque s'appliquera
bien plus exactement encore à la disposition de l'article 19 , relative à l'élévation
des amendes , laquelle j'ai dû placer au
nombre des dispositions restrictives) , que
ces deux articles , dénués du secours des
dispositions supprimées auxquelles ils se
rapportaient , tomberont bientôt en désué-
tude , et qu'ils n'auront probablement au-
cuns résultats, ou du moins aucun de ceux
que les ministres ont déclaré vouloir obtenir.

Quand on dit en effet que le dépôt n'a
pour objet que de faciliter l'examen des
livres, et d'empêcher que pendant ce délai
l'ouvrage ne soit répandu ou distribué, on
induit le public en erreur.

Eh ! qui empêche aujourd'hui le ministère public de prendre connaissance des livres déposés, soit dans les cinq, soit dans les dix jours du dépôt? Le voit-on cependant s'empresser de faire cet examen et de requérir des poursuites? Le voit-on surtout continuellement déçu dans les saisies qu'il provoque , par suite de la disparition entière des exemplaires de l'ouvrage incriminé? On n'oserait l'affirmer, et l'on serait fort embarrassé d'en fournir la preuve à la Chambre. Il est très-peu d'ouvrages qui se débitent réellement dans l'espace de cinq ou de dix jours, et il est très-facile à la police de savoir, au bout de ce temps , en quel lieu se trouvent les différentes parties de l'édition. Si donc, dans l'état actuel des choses, le ministère public n'examine ni ne saisit dans les cinq

et dix jours du dépôt, il n'est pas à croire
qu'il le fasse davantage après la loi nouvelle. Ce n'est donc pas là le but que se
propose le ministère.

La sollicitude qu'il témoigne à l'é-
gard des amendes est bien plus extraordinaire encore. Quel usage prétend-il
faire de ces nouveaux *minimums* de 2,000
francs, 500 francs, 5,000 francs et 1,000
francs, substitués aux anciens *minimums*
de 50 francs, 50 francs, 500 francs, 100
francs et 25 francs? A-t-il perdu de vue
que la plupart des procès de la presse
continueraient d'être portés devant les tribunaux de Paris? Si donc ces tribunaux
n'ont presque jamais eu occasion d'appli-
quer des amendes qui fussent même égales

aux nouveaux *minimums* proposés , lorsqu'ils avaient cependant la faculté d'en pro-
noncer de beaucoup plus élevées , n'est - il
pas évident qu'on veut faire violence à
leurs consciences; et que, loin d'arriver
par là à une plus exacte punition des coupables on s'expose au contraire à les voir
acquittés par suite de la répugnance qu'é-
prouvera naturellement le juge à leur appli-
quer une peine qu'il a déclaré d'avance être
hors de proportion avec leurs délits?

Aussi le ministère n'a-t-il jamais attendu
de ces deux articles le résultat qu'il leur
suppose aujourd'hui devant la Chambre.
Il les avait conçus dans un tout autre système que celui de la loi actuelle, et s'ils
se trouvent encore dans le projet, c'est

par l'effet de la légèreté inconcevable avec
laquelle les lois sont préparées à la chan-
cellerie, légèreté qui avait été déjà mise
dans tout son jour par le projet de loi sur
le droit d'aînesse présenté l'année dernière à la Chambre des pairs, sans aucun
des documens propres à en faire sentir la
nécessité.

Mais peut-être cette apparente légèreté
cache-t-elle une profonde perfidie. Peut-
être ces deux dispositions ne sont-elles que
des pierres d'attente pour une nouvelle loi
de la presse qui doit être présentée l'année
prochaine, et qui, reproduisant les dispositions supprimées de la loi actuelle, attri-
buerait enfin à toutes les cours du royaume
cette compétence générale, si ardemment

sollicitée par la congrégation, et qui com-
pléterait la destruction de toutes nos libertés. Alors ces deux dispositions s'ex-
pliquent, et l'on conçoit qu'on ait tenu à
les laisser subsister dans la nouvelle loi,
pour n'avoir pas à remplir l'année prochaine cette double et difficile tâche, de
proposer à la fois l'érection de nouveaux
tribunaux, c'est-à-dire de véritables com-
missions, et encore l'aggravation des lois
pénales. Les mêmes hommes qui voulaient
enlever aux médecins leurs droits d'élec-
tion, sous le prétexte de les faire sortir de
la classe obscure des patentés ; qui, sous
l'apparence d'un faux zèle pour le perfec-
tionnement du jury, cherchent à fortifier
le principe tyrannique de la nomination
des jurés par les agens du gouvernement,

et réduisent les listes générales à deux cents personnes seulement, qui devront être, chaque année, nommées et épurées par les préfets, c'est-à-dire par les évêques et par la police de la congrégation ; les hommes qui veulent soumettre les créanciers des particuliers à la tyrannie des formalités spéciales établies en faveur du trésor public (1) ;

-----

(1) Dans ce temps de mysticité ou le mot d'*amour* se trouve prodigué même aux lois pénales, on conviendra qu'il eût pu être appliqué avec bien plus juste raison à l'arrêt vraiment *paternel* qui fait aujourd'hui l'objet de la censure amère de M. le garde-des-sceaux.

Cet arrêt a décidé qu'en cas de surenchère, le trésor public, comme tout autre enchérisseur,

ces mêmes hommes, dis-je, peuvent bien avoir imaginé cette détestable combinaison. Que ne doit-on pas attendre d'un mi-

devait être tenu de donner caution ou de déposer le prix de sa surenchère à la caisse d'amortissement.

Voici dans quels termes l'arrêt a été rendu.

La cour, vu les articles 2185 du Code civil, et 832 du Code de procédure ;

Considérant que lesdits articles prescrivent au surenchérisseur d'offrir de donner caution jusqu'à concurrence du prix et des charges, et ce, à peine de nullité ;

Considérant qu'aucune disposition législative,

nistère dirigé par les jésuites dans sa politique intérieure, et par l'Angleterre dans
sa politique extérieure?

---

postérieure aux lois précitées, n'a exempté le trésor
public de se soumettre à cette obligation, et que,
si l'ancienne jurisprudence avait consacré ce privilége, rien n'autorise le juge à l'admettre aujourd'hui ;

Considérant en effet qu'on ne pourrait admettre
ce privilége dans le silence de la loi, et même
contre son texte précis et formel, qu'autant que
l'offre d'une caution de la part du trésor serait
une chose évidemment absurde et impliquant con-
tradiction ;

Considérant *que la solvabilité bien notoire du trésor
public n'est pas incompatible avec l'obligation de*

(43)

Passons maintenant à l'examen des mesures répressives proposées par les ministres.

Ces mesures consistent :

____

fournir caution , parce que cette obligation n'a pas seulement pour objet de donner une garantie de solvabilité , mais encore de *procurer un débiteur contre lequel il soit facile d'agir* pour obtenir paiement de la somme cautionnée ; que cette intention du législateur se manifeste évidemment dans les articles 2018 et 2019 du Code civil, où il ne se borne pas à tracer les conditions nécessaires pour établir la solvabilité de la caution , mais où il dispose en outre qu'elle devra être domiciliée dans le ressort de la Cour royale, où elle doit être donnée , et que pour estimer sa solvabilité, on

1.° Dans l'exclusion des femmes, des mineurs et des étrangers de la propriété des journaux;

⌇

n'aura point égard aux immeubles litigieux ou dont la discussion deviendrait trop difficile par l'éloignement de leur situation :

Considérant que les formes particulières établies en faveur du trésor dans les poursuites qu'on aurait à diriger contre lui, peuvent rendre la caution utile, en ce que, restant soumise aux formes ordinaires, il est plus facile d'agir contre elle;

Met l'appellation et ce dont est appel au néant; émendant, décharge l'appelant des condamnations contre lui prononcées; statuant au principal, déclare nulle et de nul effet la surenchère formée

2° Dans l'inscription des noms des propriétaires en tête de chaque exemplaire;

---

par l'agent judiciaire du trésor public, par exploit du 26 novembre 1824; et condamne l'agent judiciaire du trésor public aux dépens, etc. Cet arrêt a été rendu *conformement aux conclusions du ministère public.*

Ainsi, comme on le voit, ce n'est pas par le motif ridicule de l'insolvabilité possible du trésor, que la Cour royale de Paris l'a soumis au dépôt du prix de sa surenchère, mais c'est pour ne pas livrer les créanciers inscrits aux tracasseries des bureaux, et pour leur assurer le paiement *à vue* de leurs bordereaux de collocation. Il y a des surenchères qui peuvent monter à trois ou quatre millions; et l'on conviendra qu'au train que prennent les affaires, il peut se rencontrer un jour où une somme aussi importante ne se trouve pas dans le trésor. Que

3° Dans la restriction du nombre des
propriétaires à celui de cinq ;

---

feront alors les créanciers ? quelle action auraient-
ils contre le ministre des finances ? Ne se trouve-
raient-ils pas à sa merci, obligés *de le poursuivre*
par des pétitions qu'on *classerait* sans les lire , et
dans ce cas, les intentions du législateur ne se-
raient-elles pas entièrement frustrées ?

Au reste, cet arrêt démontre avec quel soin vé-
ritablement religieux la magistrature s'applique à
maintenir les droits civils des sujets du Roi, en
même temps qu'elle déploie une inébranlable fer-
meté pour défendre leurs droits politiques ; et quand
même M. le garde-des-sceaux n'eût pas partagé
l'opinion de la Cour sur la question de droit, qui
était sans doute assez grave pour qu'il ne soit pas

4° Dans l'annulation des contre-lettres et stipulations relatives à la propriété des journaux, non-seulement entre les tiers, mais même encore entre les parties con-tractantes ;

5° Dans l'annulation de tous actes rela-

---

probable que la difficulté qu'elle présentait ait été *méprisée* par les premiers juges, il me semble qu'il suffisait qu'elle eût été *accueillie* par la Cour, pour qu'il s'expliquât à ce sujet dans des termes plus mesurés. Si chaque magistrat en particulier doit respect à M.' le garde-des-sceaux comme au chef de la magistrature, il doit respect lui-même aux arrêts des cours souveraines, qui sont l'expression de la pensée du Roi dans l'exercice de la première et de la plus noble de toutes ses fonctions.

tifs à la propriété des journaux, consentis par toutes personnes autres que les propriétaires déclarés ;

6° Dans l'effet rétroactif des dispositions de la nouvelle loi aux journaux actuellement existans ;

7° Dans la responsabilité des imprimeurs ;

8° Dans l'élevation des amendes ;

9° Dans la poursuite d'office accordée au ministère public dans le cas de diffamation privée.

Avant d'entrer dans la discussion de ces articles, je crois devoir déclarer hautement que je partage l'opinion du ministère sur ces trois points principaux ; savoir :

La nécessité de faire disparaître la ridicule fiction des éditeurs responsables ;

La nécessité de rendre, *en certain cas et sous certaines conditions*, les imprimeurs responsables des condamnations civiles prononcées contre les auteurs des libelles par eux imprimés :

La nécessité enfin d'autoriser, *mais avec certaines formalités*, la poursuite d'office en cas de diffamation privée.

Je ne pense pas en effet que l'on puisse jamais obtenir de véritable répression des

4

délits de la presse, si le propriétaire d'un
journal peut présenter à la vindicte publique le premier misérable qui sera disposé à
lui vendre sa liberté ; si l'imprimeur peut
se défendre de toute responsabilité, en allé-
guant simplement qu'il n'a pas lu l'ouvrage
par lui imprimé ; enfin si l'on est obligé,
pour poursuivre le diffamateur, d'attendre
la plainte du diffamé, toujours intéressé à
garder le silence.

Mais n'était-il donc possible de réprimer
ces abus qu'en renversant toutes les lois du
juste et de l'injuste, qu'en consacrant la
fraude, le mensonge, et, comme on l'a
dit avec tant de raison, l'escroquerie et le
vol ? Croit-on que les tribunaux puissent
jamais se prêter à l'exécution littérale de

pareilles dispositions, et qu'ils ne cherche-
ront pas tous les moyens possibles pour les
éluder ?. Placés entre la loi et leur conscience, ils diront au législateur comme le
brave d'Ortès à Charles IX : *Ordonnez-nous
chose qui soit faisable.*

Entrerons-nous maintenant dans le détail de toutes les rigueurs du nouveau système de répression ?

C'est d'abord un grand malheur que des
enfans puissent être privés d'une nature de
propriété qui prospérait entre les mains de
leur père, et qu'ils pouvaient avoir l'espé-
rance de faire fructifier comme lui ; c'est
un malheur encore que les femmes dont les
moyens d'existence et de fortune sont déjà
si rétrécis, se voient exclues d'un genre d'in-

dustrie que plusieurs d'entre elles ont
exercé avec succès. Enfin c'est un malheur
que des capitaux étrangers soient repoussés
d'un commerce où ils eussent établi une
concurrence favorable au public et pro-
curé du travail à un grand nombre d'ou-
vriers. Mais par combien de plus doulou-
reux sacrifices le ministère ne nous fait-il
pas acheter la punition, je ne dirai pas des
vrais coupables (car il faudrait atteindre les
rédacteurs eux-mêmes), mais seulement
de ceux qui auraient profité du scandale !

Il veut qu'à l'égard des propriétaires de
journaux, il n'y ait plus ni lois, ni contrats,
ni sermens, ni morale, ni justice enfin.

En supposant toutes ces dispositions indispensables pour empêcher les véritables propriétaires des journaux d'échapper à la punition, comment ne pas reculer devant une pareille nécessité!

Les Athéniens refusèrent, dit-on, un avantage considérable, parce qu'ils ne pouvaient l'obtenir sans transgresser les règles de l'équité; verra-t-on les Français, moins purs et moins scrupuleux, quoique éclairés par la divine morale de l'Évangile, établir une loi qui va blesser, dans tous les cœurs, tous les sentimens honnêtes et généreux?

En droit, toute espèce de convention est permise entre les citoyens, quand elle n'est pas contraire à l'ordre public et aux bonnes mœurs.

Mais il n'est pas au pouvoir du législateur de créer à son gré des choses honnêtes ou malhonnêtes, d'imprimer le sceau de l'infamie à des actes innocens en eux-mêmes, et de légitimer des actes honteux. Il faut que la conscience publique adhère à la flétrissure prononcée par la loi; autrement le châtiment est repoussé par les mœurs, et la loi, dépouillée de sa vertu, finit par n'être plus respectée, même par le juge. Rien d'ailleurs n'est plus propre à démoraliser un peuple que de lui faire croire que l'honneur et la vertu sont de vains mots que le législateur peut définir suivant ses besoins, et qu'il n'y a en réalité de bien et de mal que ce qu'il a déclaré être tel.

Appliquons ces principes aux nullités

prononcées par le projet de loi contre les contre-lettres relatives à la propriété des journaux.

Il y a mille raisons légitimes pour qu'un citoyen ne veuille pas faire connaître sa fortune, et qu'il ait recours à des contre-lettres.

Un père de famille peut craindre avec raison que la connaissance exacte de ses biens ne porte ses enfans à se relâcher dans leurs travaux, ou qu'elle n'entraîne sa femme dans des dépenses exagérées. Un acquéreur peut craindre aussi qu'on ne veuille, dans certains cas, lui faire payer la convenance. Enfin il se présente tous les jours une foule de circonstances où l'on peut avoir un juste intérêt à se servir du nom d'un autre.

Interdire ces sortes de contrats aux propriétaires de journaux, c'est les placer hors du droit commun, c'est les gêner dans l'administration de leur fortune, c'est flétrir leur genre d'industrie; et comme cette réprobation du législateur ne peut être accueillie par l'opinion publique, les contre-lettres souscrites au profit des propriétaires de journaux ne seront jamais considérées par le public comme des actes répréhensibles ; et par conséquent, lorsque le législateur permet aux porteurs de ces contre-lettres de s'approprier les valeurs commises à leur foi, il légitime une action qui est et sera toujours honteuse ; il introduit dans la législation une immoralité dont il n'y avait pas encore eu d'exemple.

Mais si les dispositions du nouveau projet de loi ne peuvent soutenir l'examen, eu égard à l'effet qu'elles doivent avoir dans l'avenir, avec quelle indignation ne doivent-elles pas être repoussées, si on les considère sous le rapport de l'effet qu'elles doivent avoir sur le passé !

Lorsque, par de grands motifs d'intérêt public, le législateur croit devoir changer les principes qui avaient jusque là réglé l'exercice d'un droit ou d'une action quelconque, il a toujours soin de statuer, par une loi transitoire, sur les intérêts particuliers qui se sont formés sous l'ancienne lé-,

gislation. C'est ainsi que lorsque les institutions d'héritier ont été supprimées, lorsque l'ancien système hypothécaire a été
changé, on s'est occupé de pourvoir aux
intérêts des institués et des créanciers. On
devait donc s'attendre que, dans cette cir-
constance ; le ministère userait des mêmes
ménagemens envers les droits acquis ; et
c'est avec la plus extrême surprise qu'on
a vu la rigueur de la loi nouvelle appli-
quée sans restriction aux anciens propriétaires de journaux.

Il est cependant impossible de croire
que, lorsque M. le garde - des - sceaux a
médité son nouveau système de répression, lorsqu'il a jugé nécessaire à l'ordre
public de n'admettre aucune distinction

entre les journaux déjà existans et ceux
qui pourraient s'établir par la suite , il
n'ait pas senti le besoin d'accorder une
juste indemnité aux victimes qu'il allait
faire. Il a dû tracer, changer et abandon-
ner mille plans divers , dans le désir qu'il
éprouvait de concilier leurs intérêts avec
ceux de la société. Pourquoi donc n'avoir
pas fait part aux Chambres de ses efforts et
des difficultés qui s'étaient présentées à
son esprit? Pourquoi n'avoir pas sollicité
leur attention sur ce point important, et
n'avoir pas ainsi prouvé à la nation qu'il
n'a pas dépendu de lui de diminuer le sa-
crifice auquel il se voyait forcé de soumettre un si grand nombre de familles ?

-J'en dirai autant des personnes diffamées, dont M. le garde-des-sceaux paraît cependant avoir pressenti les angoisses. Voit-on qu'il se soit occupé du soin de les adoucir, et qu'il ait cherché quelque moyen de concilier leur repos avec la nécessité d'arrêter le scandale de la diffamation privée ?

Je ne sais si M. le garde-des-sceaux est encore aujourd'hui aussi indifférent sur ce point, et si le dernier procès intenté au *Courrier* ne lui a pas révélé, avec bien plus de force que son imagination ne les lui avait présentés jusqu'alors, les inconvéniens qui pourraient résulter du droit pur et simple de poursuivre d'office, qui serait accordé au ministère public dans ce cas particulier.

Établissons en effet une supposition :

Outre le délit de diffamation et d'injures dont l'éditeur du *Courrier français* s'est rendu coupable envers M. le garde-des sceaux en sa qualité de fonctionnaire public, par l'article qui vient d'être condamné, cet article contient encore une phrase que le respect m'interdit de rappeler, et qui eût pu faire l'objet d'une poursuite spéciale, si M. le garde-des-sceaux avait porté plainte, comme particulier, conformément à l'article 5 de la loi du 26 mai 1819, que l'on propose aujourd'hui de apporter en ce point.

Supposons donc que l'article en question ait été écrit après l'adoption de la loi nouvelle, et que le ministère public, n'ayant

pas jugé à propos de poursuivre d'office l'é-
diteur du *Courrier* à l'occasion de la phrase
qui pouvait constituer le délit de diffamation privée , un des membres de la Cour
royale , profondément indigné des insinua-
tions odieuses renfermées dans cette phrase
contre le chef de la magistrature, eût de-
mandé l'assemblée des Chambres ; qu'il y
eût proposé qu'on enjoignît au procureur
général de poursuivre , et que la cour eût
approuvé son opinion ;

Que serait-il arrivé?

L'attaque et la défense, circonscrites alors
dans le cercle étroit de la question de diffamation privée, M. le procureur du roi n'eût
eu aucune peine à justifier M. le garde-des-

sceaux des imputations injurieuses et dif-
famatoires que la dureté du nouveau projet
de loi aura sans doute dictées à l'éditeur du
Courrier français.

Mais sur quels genres d'explications aurait porté la défense ? Qui ne frémirait d'y
penser ? Le défenseur du *Courrier* ne s'en
est pas caché ; *il était prêt à aller aussi loin
qu'on aurait voulu.* Il se serait donc vu forcé
de chercher, dans d'indignes calomnies ré-
pandues par des ennemis personnels de sa
Grandeur , de misérables moyens de défense qui eussent excité sans doute l'indignation de l'auditoire, mais que le tribunal
se serait cependant vu dans la nécessité
d'entendre, et qui, portés par les journaux,
d'un bout de la France à l'autre , auraient

peut-être trouvé des gens assez pervers ou assez simples pour les accueillir.

Quels déchiremens secrets une pareille publicité n'aurait-elle pas causés à M. le garde-des-sceaux! Sans doute il eût trouvé un noble motif de consolation dans cette patriotique pensée, *que le terme d'un grand scandale était à ce prix ;* mais n'est-il pas à croire qu'il eût regretté que la loi n'eût pas évité à la personne diffamée l'amertume d'un pareil calice , et, qu'éclairé aujourd'hui par un tourment qui l'a menacé de si près , il ne sente plus vivement la nécessité d'adopter à cet égard quelques modifications au nouveau projet de loi?

À l'égard des imprimeurs , si , d'après

les précautions qui ont été prises pour s'assurer de leur capacité, il faut convenir
franchement qu'il est un genre d'écrits
qu'on doit toujours les supposer en état
d'apprécier; il faut avouer aussi qu'il y a
certains ouvrages composés sur un plan
si étendu qu'on ne peut raisonnablement
exiger qu'ils en prennent une connaissance
préalable. Ne serait-ce pas, par exemple,
abuser du droit d'établir des présomptions
légales, que de rendre un imprimeur respon-
sable de tous les articles de l'Encyclopédie?

Les trois principes qui font l'objet des
dispositions purement répressives du nouveau projet de loi, sont donc susceptibles de
nombreuses modifications qu'il aurait été,
dans tout autre cas, du devoir d'un bon ci-

'toyen de soumettre à la sagesse de la Chambre. Mais la loi est empreinte dans son ensemble d'un caractère si hostile contre toutes les libertés publiques; elle blesse si brutalement les mœurs actuelles; elle est si insultante enfin pour la dignité de la, nation, qu'elle ne mérite pas l'honneur d'être amendée. Elle doit être rejetée par la Chambre purement et simplement, et renvoyée, ainsi flétrie du sceau de sa réprobation, à ceux qui ont eu le malheur de la lui présenter.

Qui l'eût dit ! qu'en si peu d'années nous pourrions tomber à un pareil degré d'abaissement! Qu'est devenue cette France si brillante et couverte de tant de lauriers? cette France, dont le nom *plein de charme comme celui d'Ilion*, avait pénétré jusqu'aux extrémités de la terre, réveillant dans tous les cœurs les sentimens nobles et généreux ? Tout cet éclat a disparu. Marengo, Austerlitz, Iéna, Friedland, noms fameux, que nos princes s'étaient empressés d'inscrire sur le drapeau blanc, au-dessus de ceux de Rocroi, de Senef et de Fontenoi; votre gloire inexorable nous poursuit en tous lieux. O honte ! nos camps se sont changés en cloîtres, nos conscrits en missionnaires, notre assurance martiale en astuce et en hypocrisie ! De vils imposteurs, dont la plupart ne croient pas en Dieu, viennent nous prêcher la suprématie du pape, et voudraient remplacer, par des chapelets, les couronnes de lauriers qui décorent nos enseignes !

« Qu'il y a loin de ces tracasseries théologiques à ces jours gigantesques, à ces jours que nous avons tous vus, et que peut-être nous n'eussions pas crus, où tous les rois de l'Europe, rassemblés à Paris, venaient rendre hommage à la valeur de nos armées et à la supériorité de notre génie !

Un ministère, inaccessible aux élans de la gloire comme aux douceurs de la liberté, nous a fait rétrograder au temps de Charles VI. La démence de ce malheureux prince semble être passée dans les conseils de son successeur ; et l'Anglais, comme alors, nous dicte insolemment la loi. N'est-il pas dans les chambres quelques descendans de du Guesclin, de La Hire et de La Trémouille ? *Exoriare aliquis !* .

De quelques côtés que la France porte ses regards, elle ne voit que des sujets d'alarmes et de terreur. Outragée dans sa législation par un projet de loi qui renverse tous ses droits ; dans son culte, par le rétablissement d'une société qui veut en changer les maximes ; dans son honneur, par les insultes de l'Angleterre et les *mépris* de l'Espagne ; dans son crédit par la création d'une rente onéreuse ; trahie enfin par ses principaux mandataires, elle peut exprimer ses malheurs par cette devise si propre à en fixer le souvenir : *Non solùm togâ.*

Mais tout espoir n'est pas encore perdu. De bons citoyens ont écrit sur le piédestal de la statue d'un noble pair : *Tu dors, Brutus !* et l'illustre défenseur des libertés pu-

bliques a frappé la loi vandale. Elle ne se
relèvera pas du coup qu'il lui a porté. La
Chambre se lassera d'être associée à tant
d'actes oppressifs, de perdre chaque jour
quelque chose de la confiance des peuples, de s'entendre *nommer dans tous leurs
pleurs*, et de voir leurs espérances se porter
toujours vers la Chambre des pairs. Elle se
rappellera sa noble destination; et les Français, rassurés désormais sur tous les projets
qui pourraient être formés contre leurs libertés, se diront avec une pleine sécurité:
Quand les chambres les sauront

FIN.

ROMANS DE M. HORACE SMITH.

BRAMBLETYE-HOUSE, ou Cavaliers et
r. Têtes-Rondes; 5 vol. in-12.   15 fr
TOR HILL. Histoire du règne de Henri
VIII; 5 vol. in-12.   15 fr.

N. B. Le premier de ces deux romans a suffi pour
faire obtenir à l'auteur une immense réputation en Angleterre et en France. Tor Hill la confirmera, nous n'en
doutons pas Ces deux ouvrages ont déjà obtenu en Angleterre les honneurs d'une 2e et d'une 3e édition.

BIBLIOTHÈQUE
DES
ROMANS ANGLAIS ET AMÉRICAINS,

Contenant les meilleurs romans modernes publiés
en Angleterre et en Amérique, traduits en fran-
cais, par M. A.-J.-B. Defauconpret et une
société de gens de lettres.

WALLADMOR, roman attribué à sir
Walter Scott, 3 vol. in-12. (1re livr.) 7 fr. 50 c.
ROTHELAN, par M. Galt; 3 vol. in-12.
(2e livraison.)   7 fr. 50 c.
LES ALBIGEOIS, par le révérend Ma-
turin. 4 vol. in-12. (3e livraison.) 10 fr. » c.
GASTON DE BLONDEVILLE, roman
posthume d'Anne Radcliffe, 3 vol.
in-12. (4e livraison.)   8 fr. » c.
Sous presse :
LOCHANDHU, 4 vol. (5e livraison.)   10 fr. » c.
MERTON, par Théodore Hook, 3 vol.
(6e livraison.)   7 fr. 50 c.

www.ingramcontent.com/pod-product-compliance
Ingram Content Group UK Ltd.
Pitfield, Milton Keynes, MK11 3LW, UK
UKHW021646130726
13696UKWH00004B/1437